DISCOURS DE LÉON DAMEL

Recueil

Marie-Martine Damel

Discours de Léon Damel

Recueil

© 2024 Marie-Martine Damel

Édition : BoD · Books on Demand GmbH,
In de Tarpen 42, 22848 Norderstedt (Allemagne)
Impression : Libri Plureos GmbH, Friedensallee 273,
22763 Hamburg (Allemagne)

Illustration : XXX

ISBN : 978-2-3225-3459-3
Dépôt légal : Novembre 2024

En hommage à mon grand-père.

LÉON DAMEL

Diplômé de la faculté de droit de Dijon.

D'une grande érudite, Léon Damel lit le latin et le grec « aperto libro », c'est-à-dire « à livre ouvert », ce qui signifie qu'il est capable de déchiffrer, de lire et de comprendre des textes anciens.

Conseiller de Préfecture du Territoire de Belfort, de l'Aisne et du Puy-de-Dôme.

Président du conseil interdépartemental de préfecture de l'Aisne.

Préfet de la Marne à Châlons-sur-Marne.

Reconnu pour être un des plus éminents spécialistes du droit administratif, il est élu Président du tribunal administratif de Châlons-sur-Marne par décret du 22/09/1926.

DÉCORATIONS

Président régional de la Croix-Rouge.

Chevalier de la Légion d'honneur au titre des Régions libérées par décret du 11 août 1931.

Décoré de la Croix de Guerre et du Mérite, ainsi que des Palmes académiques.
Officier du mérite social.
Chevalier du mérite agricole.

Décoré de la médaille des anciens combattants, de la médaille interalliée, de la médaille de Verdun, de la médaille d'or des assurances sociales, de la médaille du secours mutuel.

Décoré par Ahmed Pacha-Bey, Possesseur du royaume de Tunis, sur proposition du ministre des Affaires Étrangères de Tunis, de la décoration de Commandeur de l'Ordre du Nichan-Htikhar, le 22 juin 1937.

LÉON DAMEL

Républicain radical socialiste.

Membre éminent du Cercle des républicains de Châlons-sur-Marne.

Le Parti républicain est le premier grand parti français à l'échelle nationale fondé en 1901 à Paris, très influent sous la troisième République et très attaché à la propriété privée et à la laïcité.
Il est l'intermédiaire entre la gauche et la droite.
Sa vision est spécifique de l'organisation sociale et humaine, bâtie sur la primauté de l'individu.
Sa profession de foi est composée de cinq points :
Laïcité, Solidarité, Humanisme, Tolérance et Universalisme.
Des figures telles que Clemenceau ou Gambetta, l'on porté.

Les quelques discours et extraits rapportés dans ce recueil ont été prononcés au Cercle républicain de Châlons-sur-Marne – Université populaire.

Chapitre I

LA COUR SOUS LOUIS XVI

Préambule

Mesdames, Messieurs,

C'est encore moi. L'accueil si bienveillant que vous m'avez fait la première fois en est la cause. Ce soir-là, je n'ai pas voulu dépasser la demi-heure habituellement consacrée à nos conférences et j'ai dû m'arrêter après vous avoir prouvé, en empruntant la réponse faite au roi par l'évêque de Chartres, qu'à la veille de la grande révolution de 1789, les hommes mangeaient l'herbe comme des moutons et crevaient comme des mouches.

Je n'ai pas pu alors vous montrer à quoi servaient les impôts qui pesaient si lourdement sur nos malheureux aïeux, auxquels le fisc ne laissait que le strict nécessaire pour ne pas mourir de faim.

C'est cette cause que je me propose de combler ce soir si vous voulez bien me le permettre, en vous retraçant l'extrême opulence des courtisans de Louis XVI, les dépenses fantastiques de sa cour pour payer les frais des noces et fêtes à jet continu qui s'y faisaient avec l'argent du pauvre peuple. Ce contraste de tant de jouissance en haut et de tant de misères en bas, ne manquera pas certainement d'intérêt.

Et j'aborde immédiatement mon sujet, en me référant pour le traiter, à des contemporains ou à des historiens qu'on ne saurait accuser de partialité envers l'ancien régime.

Mesdames, Messieurs,

Lorsque nous voulons comprendre notre situation présente, nos regards sont toujours ramenés vers la crise terrible et féconde par laquelle l'Ancien Régime a produit la Révolution, et la Révolution, le Régime nouveau.

Par un bonheur singulier, nous apercevons les hommes, leurs dehors et leurs dedans. Les Français de l'Ancien Régime sont encore tout près de nos regards.

Quelques-uns de nous, dans sa jeunesse, ont pu fréquenter des survivants de ce monde évanoui. Plusieurs de leurs hôtels subsistent encore avec leurs appartements et leurs meubles intacts. Pour ma part, j'ai connu de vieux paysans d'alors et visité leurs chaumières.

Au moyen de leurs tableaux et de leurs estampes, nous les suivons dans leur vie domestique, nous voyons leurs habillements, leurs attitudes et leurs gestes.

Avec leurs gazettes et leurs correspondances, nous pouvons restituer toutes leurs pensées, et jusqu'à leurs conversations familières.

Une multitude de mémoires, sorties depuis trente ans des archives publiques ou privées, nous conduisent de salon en salon comme si nous y étions présentés et nous donnent les portraits que cette société a tracés d'elle-même.

Grâce à eux, nous pouvons voir en détail, et de près, la condition des hommes, le train et le cérémonial d'une cour. Et c'est à eux que j'ai eu recours pour pouvoir vous entretenir ce soir de la cour sous Louis XVI.

LA COUR

Voici le tableau qu'en donne monsieur Taine (*1*) :

[... *Un état-major en vacances pendant un siècle et davantage, autour du général en chef qui reçoit et tient salon...*]

Voilà le principe et le résumé des mœurs sous l'ancien régime. C'est pourquoi, si l'on veut les comprendre, il faut d'abord considérer leur centre et leur source, je veux dire, la cour.

[... *Comme l'ancien régime tout entier, elle est la forme vide, le décor survivant d'une institution militaire ; quand les causes ont disparu, les efforts subsistent et l'usage survit à l'utilité.*
Les premières familles y ont leur résidence fixe : l'énumération n'en finit pas... Elles forment une couronne de fleurs d'où s'élancent chaque matin autant de guêpes dorées pour briller et butiner à Versailles, centre de toute abondance et de tout éclat. On en présente chaque année, une centaine, homme et femme. Cela fait en tout, deux ou trois milles. Voilà la société du roi, les dames qui lui font la révérence, les seigneurs qui montent dans leurs carrosses...]

SES DÉPENSES

Le marquis d'Argenson (*2*) dans son journal, dit :

«... Qu'en 1721, on dépense cinq millions pour l'installation de la comtesse d'Artois (3) et qu'un simple appartement pour madame Adélaïde (4) coûte 800 000 livres (5). La maison civile de Monsieur, comprend 420 serviteurs et sa maison militaire, 179. Celle du comte d'Artois 235 et sa maison civile 456. Les trois quarts sont pour la montre avec leurs broderies et leurs galons, avec leur contenance dégagée et polie, leur air attentif et discret, leur belle façon de saluer, de marcher, de sourire. Ils sont bien alignés dans une antichambre, ou espacés dans une galerie. Par cet éclat des astres secondaires, jugez de la splendeur du soleil royal.
Il faut au roi, une garde, une infanterie, une cavalerie, des gardes du corps, des gardes françaises, des gardes suisses. 950 hommes coûtant chaque année 7 681 000 livres.
Étant gentilhomme, il est cavalier et il lui faut une écurie proportionnée. 1857 chevaux, 217 voitures, 1 458 hommes qu'il habille et dont la livrée coûte 540 000 francs par an. On achète pour 250 000 francs de chevaux par an. Le tout coûte 4 600 000 livres en 1775 et monte à 6 200 000 livres en 1787. »
Le comte d'Hézecques (*6*) dit qu'à son arrivée à Versailles en 1786, on y comptait 150 pages et qu'un seul de leurs habits

(velours cramoisi brodé d'or sur toutes les tailles) coûtait 1500 livres.
Waroquier (7) (maison de la reine), dis qu'on dépense en 1785, 179 194 livres pour la nourriture de chevaux et 53 412 livres pour celle des chiens.
Monsieur Hippolyte Taine écrit :

[... *J'omets d'autres services, j'ai hâte d'arriver au centre, la bouche ; c'est à table qu'on reconnaît une grande maison.*
Il y a trois divisions de la bouche : la première pour le roi et ses enfants en bas âge ; la seconde, nommée, « petit commun » pour la table du grand maître, pour celle du grand chancelier et pour celle des princes et princesses du sang. La troisième, nommée « grand commun », pour la seconde table du grand maître, pour celle des maîtres d'hôtel, pour celle des armoiriers, pour celle des gentilshommes servants et pour celle des valets de chambre. En tout, 383 officiers de bouche, 105 garçons et 2 177 000 livres de dépenses.
Le marchand de vin fournit par an pour 300 000 francs.
Lisez dans l'almanach des titres des officiers et vous verrez se développer devant vous, une fête de gargantuas, la solennelle hiérarchie des cuisines, grands officiers de la bouche, maîtres d'hôtel, contrôleurs, contrôleurs-élèves, commis, gentilshommes, panetiers, échansons et tranchants, écuyers et huissiers de cuisine, galopins ordinaires, coureurs de vins et tâteurs de rôti, potagers, verduriers, lavandiers, pâtissiers, serveurs, porte-tables, garde-vaisselle, sommiers des broches, maîtres d'hôtel de la table du premier maître d'hôtel, toute une procession de dos amples et galonnés, de ventres majestueux et rebondis, de figures sérieuses qui, devant les casseroles, autour des buffets, officient avec ordre et conviction.

Quand le roi tient « grand appartement », lorsqu'il donne à jouer ou à danser dans la galerie des Glaces, 4 à 500 invités, l'élite de la noblesse et de la mode s'ordonnent sur les banquettes ou se pressent autour des tables de cavagnole (8) et de tri...]

Références :

(1) Hippolyte Taine, né le 21 avril 1828 à Vouziers et mort le 5 mars 1893 à Paris, est un philosophe et historien français, membre de l'Académie française.
(2) René Louis de Voyer de Paulmy, 2ᵉ marquis d'Argenson, est un homme d'État et écrivain français né à Paris le 18 octobre 1694 et mort à Paris le 26 janvier 1757. Il fut secrétaire d'État des affaires étrangères de Louis XV de 1744 à 1747, mais il est surtout connu pour ses travaux littéraires et historiques, en particulier ses Mémoires et son Journal.
(3) Marie-Thérèse de Savoie, née au palais royal de Turin le 31 janvier 1756 et morte à Graz le 2 juin 1805, est une princesse italienne, membre de la maison de Bourbon. Par son mariage avec Charles-Philippe de France, le futur Charles X, elle est comtesse d'Artois.
(4) Marie-Adélaïde de France, dite, Madame Quatrième puis, Madame Adélaïde, est née au château de Versailles le 23 mars 1732 et morte à Trieste le 27 février 1800. Elle est l'une des huit filles de Louis XV et de Marie Leszczynska, et l'une des quatre enfants à leur survivre sur les dix qu'ils eurent.
(5) La livre est une monnaie de compte utilisée en France de 781 à 1795, date à laquelle elle est remplacée par le franc. La monnaie de compte française s'appelle officiellement « livre » (sans autre précision) seulement à partir de 1780, après une série de crises financières en Europe (1770-1773). Auparavant, on distinguait livre tournois et livre parisis. Dans le système de l'Ancien régime, elle valait 20 sous, soit 240 deniers, système conservé par la livre sterling jusqu'au 14 février 1971. La livre équivaut approximativement à onze euros en 2010, soit 800 livres = 8 800 euros. 2 177 000 livres = 23 947 euros.
(6) François-Félix, comte de France d'Hézecques, baron de

Mailly, naît le 30 juillet 1774, au château de Radinghem, en Artois et décède en 1835. Page du roi Louis XVI.
(7) Louis-Charles de Waroquier de Méricourt de La Mothe de Combles (1757-1794), écuyer de main du Roi (18/09/1781, officier d'infanterie, sous-lieutenant du 3° régiment d'État-Major, compagnie d'Évrard (16/05/1782), sous-lieutenant des Grenadiers d'Abancourt (Grenadiers royaux de Picardie, 20/08/1782 ; licencié le 01/04/1783), emprisonné aux Carmes, condamné à mort par le tribunal révolutionnaire de Paris le 5 thermidor an II.
(8) Cavagnole – jeux de hasard

SA COMPOSITION

[... On n'a rien vu, dit Chateaubriand (1), quand on n'a pas vu la cour de Versailles : c'est un fourmillement de livrées, d'uniformes, de costumes et d'équipages aussi brillants et aussi variés que dans un tableau. J'aurais voulu vivre huit jours dans ce monde. Il est fait à peindre, arrangé exprès pour le plaisir des yeux comme une scène d'opéra.
Il y a 274 charges chez le duc d'Orléans, 210 chez Mesdames, tantes du roi, 239 chez la comtesse d'Artois, 496 chez la reine...]

Voilà le spectacle qu'il faudrait voir, non par l'imagination et d'après des textes incomplets, mais avec des yeux et sur place, pour comprendre l'esprit, l'effet, le triomphe de la culture monarchique.
Dans une maison montée, le salon est la pièce principale et il n'y en eut jamais de plus éblouissant que celui-ci.
De la voûte sculptée et peuplée d'amours folâtres, descendent par des guirlandes, des fleurs et du feuillage, les lustres flamboyants dont les hautes glaces multiplient la splendeur.
La lumière rejaillit à flots sur les dorures, sur les diamants, sur les têtes spirituelles et gaies, sur les fins corsages, sur les énormes robes enguirlandées et chatoyantes.
Les paniers des dames rangées en cercle ou étagées sur les banquettes forment un riche espalier couvert de perles, d'or,

d'argent, de pierreries, de paillons, de fleurs de fruits avec leurs fleurs, groseilles, cerises, fraises artificielles. C'est un gigantesque bouquet vivant, dont l'œil à peine à soutenir l'éclat.

Point d'habits noirs comme aujourd'hui pour faire disparate. Coiffés et poudrés, avec des boucles et des nœuds, en cravates et manchettes de dentelle, en habits et vestes de soie feuille morte, rose tendre, bleu céleste, agrémenté de broderies et galonnés d'or, les hommes sont aussi parés que les femmes.

Le roi a une cour, il faut qu'il la tienne. Tant pis, si elle absorbe son temps, son esprit, son âme, tout le meilleur de sa force active et la force de l'État.

Ce n'est pas une petite besogne que d'être maître de maisons, surtout quand à l'ordinaire, on reçoit 500 personnes. On est obligé de passer sa vie en public et en spectacle. À parler exactement, c'est le métier d'un acteur qui toute la journée serait en scène.

Le roi est tenu d'occuper toute une aristocratie, par conséquent, de se montrer et de payer de sa personne à toute heure, même aux heures les plus intimes, même en sortant du lit.

Le comte d'Hézecques a retracé toutes les cérémonies pour le lever, la toilette, le débotté, les repas, le coucher du roi. Il indique que la publicité de la vie royale est telle, que nulle de ses fonctions ne s'accomplit sans témoins.

Le temps me manque pour vous en raconter tous les détails, je ne puis cependant passer sous silence, l'histoire de la présentation de la chemise, si joliment reproduite par le comte d'Hézecques.

[... Il y a toute une réglementation pour cette chemise. L'honneur de la présenter est réservé aux fils et aux petits-fils de France, à leur défaut, aux princes du sang ou légitimes, au défaut de ceux-ci, au grand chambellan ou au premier gentilhomme. Notez que ce dernier cas est rare, les princes étant obligés d'assister au lever du roi, comme les princesses à celui de la reine.
Enfin, voilà la chemise présentée. Un valet de garde-robe emporte l'ancienne. Le premier valet de garde-robe et le premier valet de chambre tiennent la nouvelle, l'un part la manche gauche, l'autre par la manche droite, et pendant l'opération, deux autres valets de chambre tendent devant lui, sa robe de chambre déployée en guise de paravent. La chemise est endossée et la toilette finale va commencer...]

Encore un pas et nous entrons dans le sanctuaire : l'appartement du roi où nous trouvons plus de 198 personnes pour le service intime. Il y en a pour tenir le manteau et la canne, pour peigner le roi et l'essuyer au bain, pour lui plier, passer et nouer sa cravate, pour enlever et rapporter sa chaise percée.
Le comte d'Hézecques raconte que sous Louis XVI, il y avait deux porte-chaise du roi qui tous les matins en habit de velours, l'épée au côté, venait vérifier et vider, s'il y avait lieu, l'objet de leurs fonctions.

« Approchez du roi, dit monsieur Taine, être domestique dans sa maison, portemanteau, valet de chambre est un privilège qu'on achète, même en 1789, 30,40 et 100 000 livres. »
« Vous n'avez que trois choses à faire, disait l'un des courtisans à un débutant : dites du bien de tout le monde, demandez tout ce qui vaquera et asseyez-vous quand vous le

pouvez. »

« ... Quand les dames de la cour et surtout les princesses passent devant le lit du roi, elles doivent faire la révérence. Quand les officiers du roi passent devant sa table, ils doivent faire le salut. De même le prêtre ou le sacristain qui passe devant l'autel .» (A. Taine)

Au total près de 4 000 personnes pour la maison civile du roi, 100 000 pour sa maison militaire, 2 000 au moins pour celles de ses proches. En tout, plus de 15 000 personnes avec une dépense de 45 millions, qui en voudraient le double aujourd'hui et qui sont alors le 10é du revenu public (Extrait du compte général des revenus et dépenses faits au 1er mai 1789, remis par monsieur le premier ministre des Finances à messieurs du comité des finances de l'Assemblée nationale).
Necker (*2*), entrant aux affaires, trouve 28 millions de pensions sur le trésor royal et, sitôt qu'il tombe, c'est une débâcle d'argent déversé par millions sur les gens de la cour. Le roi s'est laissé aller à faire la fortune des amies et des amis de sa femme :
À la comtesse de Polignac (*3*), 400 000 francs pour payer ses dettes, 800 000 francs pour la dote de sa fille, en outre pour elle-même, 35 000 livres de rente et pour son amant, le comte de Vaudreuil (*4*), 30 000 livres de pension.
À la princesse de Lamballe (*5*), 100 000 écus par an.
Mais c'est pour secourir les Guéménés, faillis, que la prodigalité devient folle.
Le roi leur achète moyennant 12 millions, trois terres qu'ils viennent d'acheter 4 millions seulement ; de plus, en échange de deux domaines en Bretagne qui rapportent 35 000 livres, Louis XVI leur cède la principauté de Dombes en rapportant le double.

Lorsqu'on lira plus tard « Le Livre rouge » (6), on y trouvera 700 000 livres de pension pour la maison de Solignac et près de 2 millions de bienfaits annuels à la maison de Noailles (7). Le roi a oublié que toutes ses grâces sont meurtrières, car le courtisan qui obtient 6 000 livres de pension reçoit la taille de six villages. En l'état où est l'impôt, chaque largesse du monarque est fondée sur le jeune des paysans, et le souverain, par ses commis, prend aux pauvres leur pain pour donner des carrosses aux riches.

Bref ! le centre du gouvernement est le centre du mal. Toutes les injustices et toutes les misères en partent comme d'un foyer engorgé et douloureux. C'est ici que l'abus public à sa pointe et c'est ici qu'il crèvera.

Références :

(1) François-René, vicomte de Chateaubriand, né le 4 septembre 1768 à Saint-Malo et mort le 4 juillet 1848 à Paris, est un écrivain, mémorialiste et homme politique français. Il est considéré comme l'un des précurseurs et pionniers du romantisme français et l'un des grands noms de la littérature française. Il s'inscrit politiquement dans la mouvance royaliste. Plusieurs fois ambassadeur auprès de souverains divers, il est nommé en 1822 sous la Restauration, ministre des Affaires étrangères et occupe cette fonction jusqu'en 1824. Sous le règne de Charles X, il compte parmi les ultraroyalistes.
(2) Jacques Necker, né le 28 septembre 1732 et décédé le 9 avril 1804 à Genève. Financier et homme politique genevois, ministre des Finances de Louis XVI.
(3) Yolande Martine Gabrielle de Polastron, comtesse puis duchesse de Polignac, est née à Paris (paroisse Saint-Sulpice) le 8 septembre 1749 et morte à Vienne le 5 décembre 1793, alors en exil. Elle fut sans aucun doute l'amie la plus fidèle de la reine Marie-Antoinette et fut l'un des personnages les plus emblématiques de la cour de Louis XVI.
(4) Joseph-Hyacinthe-François de Paule de Rigaud, comte de Vaudreuil, né à Saint-Domingue le 2 mars 1740 et mort à Paris au palais du Louvre le 17 janvier 1817, est un courtisan français.
(5) Marie-Thérèse-Louise de Savoie-Carignan, dite, Mademoiselle de Carignan, ou aussi Madame de Lamballe, est née au palais Carignan le 8 septembre 1749 et morte le 3 septembre 1792 à Paris. Princesse de la maison de Savoie, elle devient amie avec la future reine Marie-Antoinette alors dauphine. Elle est nommée surintendante de la Maison de la Reine.

(6) Le Livre rouge était un registre où figuraient les dépenses, généralement méconnues de la monarchie sous les règnes de Louis XV de France et de Louis XVI de France. Appelé « Livre rouge » en raison la couleur de sa reliure en maroquin.

L'Assemblée nationale a décidé l'impression de diverses publications sur le sujet sous le titre « Le livre rouge », achevé d'imprimé le 7 avril 1790.

(7) La maison de Noailles est une famille subsistante de noblesse d'extraction dont la filiation agnatique est prouvée depuis 1225 (pour les honneurs de la Cour).

Originaire de Noailles, dans le Limousin, elle a développé plusieurs branches en Auvergne et en Guyenne. La famille obtint la grandesse d'Espagne en 1711.

Elle a compté un cardinal et quatre de ses membres ont été revêtus de la dignité de maréchal de France.

Chapitre II

LOUIS XVI ET MARIE-ANTOINETTE

Louis XVI comme roi

Que faisait le roi ? s'est demandé Louis blanc. (*1*)

«... Tandis que le comte de Maurepas (*2*), son mentor, cherchait un aliment à des moqueries cyniques et souriait à la lutte établie entre des ministres réformateurs et des courtisans ; tandis que les philosophes révolutionnaires allaient à la conquête des esprits et que, par des voies souveraines, mais sûres, les mineurs s'avançaient jusqu'au pied de la monarchie, le roi chassait. Il récitait des litanies ou des psaumes. Le roi faisait des serrures, heureux quand il avait contenté l'ouvrier Gauvain, son maître dont il redoutait fort la sévérité, ou bien, lorsque perdu dans l'ombre des corridors de Versailles et chargé des instruments de son travail favori, il était parvenu à gagner la chambre aux enclumes sans être aperçu de la reine.
C'est qu'en effet, Louis XVI n'avait rien d'un roi. Et le voir suffisait pour le juger. Sa démarche indécise, ses manières

lourdes, la mollesse de sa physionomie, sa brusque timidité, car ainsi que l'Empereur Claude (*3*), il était aussi prompt à s'irriter que facile à surprendre. Tout cela révélait son règne et permettait de lire dans sa destinée.

En lui transmettant leur autorité, ses aïeux ne lui avaient rien laissé pour la défendre ; rien, pas même, la domination du regard, pas même, l'attitude et le geste du commandement ! Dans lui la dignité contenue de Louis XV se trouva changée en embarras, et la grâce de Louis XV, en bonhomie...»

Références :

(1) Louis Jean Joseph blanc, né le 29 octobre 1811 à Madrid et mort le 6 décembre 1882 à Cannes, est un journaliste et historien français, membre du gouvernement provisoire de 1848 et député sous la Troisième République.

(2) Jean-Frédéric Phélypeaux, comte de Maurepas, est un homme politique français, né le 9 juillet 1701 à Versailles et mort le 21 novembre 1781 en cette même ville. Il fut secrétaire d'État à la Marine de Louis XV de 1723 à 1749. Après une longue disgrâce, il devint ministre d'État à l'avènement de Louis XVI en 1774 jusqu'à sa mort en 1781.

(3) Claude, né le 1er août 10 av. J.-C. à Lugdunum (Lyon) et mort le 13 octobre 54 à Rome, est le quatrième empereur romain, régnant de 41 à 54 apr. J.-C.

Né en Gaule, fils de Drusus et d'Antonia la Jeune (fille de Marc Antoine et d'Octavie), il est le premier empereur né hors d'Italie. Enfant méprisé en raison de ses déficiences physiques, il est le mal-aimé de la famille impériale et devient un adulte à l'élocution et à la démarche mal assurées, tenu à l'écart de toute activité publique.

MARIE-ANTOINETTE

Quant à Marie-Antoinette, voici le jugement que Louis Blanc a porté sur elle.

[... Elle ne fut pas plus tôt à Versailles, qu'elle se fit une existence entièrement contraire aux habitudes de Louis XVI, se plaisant dont il convenait la frivolité, livrant aux hasards des parties de nuit la Majesté Royale deux fois compromise et accumulant les imprudences.
Tantôt, pour se rendre à une soirée où le roi ne devait point l'accompagner, elle avançait l'aiguille de la pendule et abandonnait de la sorte aux sarcasmes de la cour la dignité de son époux trompé.
Tantôt, elle s'emparait d'une plume de héron donnée par Lauzun (*1*) et qu'il avait portée à son casque, ou bien, dansant avec Dillon (*2*) et ne se croyant pas écoutée, elle lui disait :
« *Touchez comme mon cœur bat.* »
Et s'attirant cette dure apostrophe du roi :
« *Madame, monsieur Dillon vous croira sur parole.* »
Son attitude devant le duc de Coigny (*3*) et les empressements indiscrets du comte d'Artois pouvaient prêter à des interprétations funestes. Elle ne s'en inquiéta pas et, la tête haute, l'âme ravie, elle courut au-devant de sa perte, que tramaient déjà cachés dans l'ombre du trône, de redoutables ennemis. Car, pendant que le brillant comte d'Artois se

déclarait le chevalier de la reine et que le duc de Chartres (*4*) l'entourait de soins affectueux, le comte de Provence (*5*) s'essayait ténébreusement à un rôle qu'il faut connaître si l'on veut savoir tout ce que renferment de honteux mystères, cette vie des cours sur laquelle passèrent les vengeances de la Révolution.

Louis XVI était né avec un vice de conformation qui semblait lui interdire l'espoir d'avoir des enfants. On ne l'ignorait pas à Versailles et il en avait couru, Louis XVI n'étant pas encore dauphin, mille bruits malignement exagérés. On voyait déjà le petit-fils de Louis XV se résignant au célibat, supposition que ne démentaient ni sa dévotion ni ses mœurs.

On parlait à voix basse, d'une consultation du médecin, que Louis XVI mourut sans postérité, le comte de Provence son frère, était roi. Des ambitieux, à qui la place manquait d'ailleurs, se groupèrent donc autour de ce prince et ils éveillèrent en lui, la soif de régner, d'autant plus prompts à flatter sa fortune prévue, qu'il était supérieur à l'âme de la famille en intelligence en instruction, en fermeté de caractère et que Louis XVI reconnaissait l'ascendant de cette supériorité, ayant coutume de dire : « *Demandez à mon frère de Provence.* »

On juge d'après cela, combien fut naïve, dans un certain monde, la sensation produite par l'arrivée de Marie-Antoinette à Versailles.

Les projets que son mariage menaçait d'échouer se chargèrent contre elle en hostilité sourde. On avait admis que Louis XVI ne pouvait pas avoir d'enfants, on décida que, s'il en survenait, on les tiendrait pour illégitimes. Alors, commença l'odieuse pratique des dénonciations anonymes, alors furent semés dans le palais, maints libellés retraçant de monstrueuses amours.

Ainsi, de la cour, il ne faut pas qu'on l'oublie, partiront les premiers coups frappés sur Marie-Antoinette.

Louis XVI apporta dans ses relations avec la reine une indifférence telle, qu'il allait par devoir seulement se placer dans le lit de sa femme et s'endormait souvent sans lui adresser la parole.

La cour de Louis XVI à la fin de 1777, c'était d'abord et avant tout la reine. La reine radieuse de jeunesse, de puissance et de beauté. Le roi seul bâillait à toutes ses distractions qu'il ne comprenait pas. Il est vrai que Louis XVI ne se souciait point de réclamer ses droits. Il était époux depuis 7 ans sans être encore mari.

On disait que la reine s'était plainte de cet étrange veuvage à sa mère et que celle-ci lui avait envoyé une étrange réponse que Marie-Antoinette suivait à la lettre.

Le roi qui sentait qu'il avait le premier, les plus grands torts, le roi n'osait, le roi n'osait gronder, mais il boudait. Une fois la reine habituée à ne rentrer que fort tard, souvent même au jour, une fois, le roi ordonna qu'on ne laissât après minuit, pénétrer aucun carrosse dans la cour d'honneur, attendu que cela le réveillait. La consigne fut suivie. La reine eut beau se nommer, elle resta à la grille et il lui fallut faire un long tour, gagner une autre porte et rentrer tremblante et furtive comme une adultère dans ses appartements (Alexandre Dumas).

Références :

(1) Antonin Nompar de Caumont, premier duc de Lauzun (1692), marquis de Puyguilhem, comte de Saint-Fargeau, né en mai 1633 à Lauzun (Lot-et-Garonne) et mort le 19 novembre 1723, est un militaire, gentilhomme et courtisan français du XVIIe siècle. Il est capitaine des gardes du corps du Roi et colonel général.

(2) Arthur, comte de Dillon, né le 3 septembre 1750 à Bray Wick en Irlande. Il est un général, député aux États généraux de 1789. En 1794, pendant la Terreur, accusé par Vadier et Barère, qui l'attaquent pour sa proximité avec Danton et Camille Desmoulins, il est guillotiné le 13 avril 1794.

(3) Marie François Henri de Franquetot, duc de Coigny, né à Paris le 28 mars 1737 et mort le 18 mai 1821 dans cette même ville, est un militaire français des XVIIIe et XIXe siècles. Maréchal de France. Il fut créé Pair de France en 1814.

(4) Louis-Philippe d'Orléans, duc de Chartres, puis duc d'Orléans (1785-1790), dit Philippe d'Orléans puis Philippe Égalité après 1792, est un prince du sang français né au château de Saint-Cloud le 13 avril 1747 et mort guillotiné à Paris le 6 novembre 1793.

(5) Louis XVIII né le 17 novembre 1755 à Versailles sous le nom de Louis Stanislas Xavier de France et par ailleurs comte de Provence (1755-1795) est roi de France et de Navarre du 6 avril 1814 au 20 mars 1815, puis du 8 juillet 1815 à sa mort, le 16 septembre 1824 à Paris.

LES FINANCES

Mesdames, Messieurs,

Jetons maintenant un regard curieux sur l'état lamentable des finances publiques de ce temps-là, sur les Archives nationales qui le constatent matériellement et sur le jugement qu'en ont porté les historiens les plus autorisés.
Ouvrons, si vous le voulez bien, l'Histoire.

« *Histoire de deux siècles* » où la Cour, l'église, le peuple, depuis 1700... par Alexandre Dumas, tome deuxième, Louis XVI (page 232) :

« ... Après la mort de Monsieur de Maurepas, il n'y eut plus de Premier ministre. Monsieur de Calonne (*1*) fut appelé aux finances. C'était le poste difficile ; on y avait usé Turgot (*2*) en moins de deux ans. Necker, qui était plus dur, étant Genevois, banquier et protestant, n'y avait duré que cinq.
«... Monsieur de Calonne, disons-nous, fut appelé aux finances. Dans l'intervalle du départ de Necker à l'arrivée de Calonne, les caisses laissées pleines par Necker, s'étaient vidées. Monsieur de Calonne examina le vide ; il eût effrayé tout autre.
« *C'est bien, on verra à le remplir* », dit Monsieur de Calonne.

« *Mais quel moyen nous reste-t-il pour arriver à cela* ?
Demanda Louis XVI.
« *Les abus* », répondit bravement Calonne.
En effet, grâce aux abus, Monsieur de Calonne, remplit les caisses vidées par les abus.
La reine lui annonce en hésitant qu'elle a quelque chose à lui demander.
« *Si c'est possible, c'est fait.* », répondit le ministre. « *Si c'est impossible, cela se fera.* »
Alors, tout le monde se laisse aller aux dépenses. La reine achète Saint-Cloud, le roi achète Rambouillet. Alors a lieu la monstrueuse affaire de Puy-Paulin-de-Finestrauge. On porte à chaque instant, quelque nouvelle ordonnance à signer au roi, et le roi signe, tristement, c'est vrai, mais il signe.
Et pendant ce temps, que fait le peuple ? Il est couché sur son fumier.
C'est au milieu de toutes ses dépenses des grands et de toute cette misère des petits qu'il prend l'envie à la reine, d'acheter un collier de un million six cent mille francs. »

Alexandre Dumas, idem, page 260.

« … Ainsi, voilà où en étaient les choses en 1788. Le peuple nu, affamé, mourant de la peste. Le clergé gros, gras, n'ayant d'autres impositions que le don gratuit. La noblesse ruinée est à la charge de la royauté… »

Permettez-moi, Mesdames et Messieurs, de vous lire ce jugement porté par monsieur Taine (*les origines de la France Contemporaine* par Monsieur Taine § 11, page 312) :

« ... Les privilégiés ont travaillé à leur chute... Dans le gouvernement local, comme dans le gouvernement central, leur place est une sinécure et leurs privilèges sont devenus des abus.

À leur tête, le roi, qui a fait la France en se dévouant à elle comme à sa chose propre, finit par user d'elle comme de sa chose propre ; l'argent public est son argent de poche et des passions, des vanités, des faiblesses personnelles, des habitudes de luxe, des préoccupations de famille, des intrigues de maîtresses, des caprices d'épouse, gouvernent un état de 26 millions d'hommes avec un arbitraire, une incurie, une prodigalité, une maladresse, un manque de suite qu'on excuserait à peine dans la conduite d'un domaine privé. »

Mesdames et Messieurs,

Je m'arrête devant ces jugements impartiaux de l'Histoire redoutant à bon droit d'en affaiblir la portée par mes appréciations personnelles.

Ils suffisent pour m'autoriser, en terminant cette causerie familière, à emprunter à Eugène Pelletan (*3*), la conclusion de son excellent petit livre intitulé : « *La décadence de la Monarchie française* » :

« ... Gloire maintenant à la Révolution ; elle a racheté les Français de la misère et de la servitude ! »

Références :

(1) Charles-Alexandre de Calonne, comte d'Hannonville, est un magistrat, administrateur, économiste et homme politique français, né à Douai le 20 janvier 1734 et mort à Paris le 30 octobre 1802. Ministre et contrôleur général des finances de Louis XVI, il propose une réforme du système fiscal (un impôt universel) que les deux ordres privilégiés (clergé et noblesse) doivent payer également. Sa proposition est rejetée et il est renvoyé disgracié. Entre 1783 et 1787, il se retrouve au cœur des grandes spéculations boursières sous Louis XVI.
(2) Anne Robert Jacques Turgot, baron de l'Aulne, souvent appelé Turgot, né le 10 mai 1727 à Paris et mort le 18 mars 1781, est un homme politique et économiste français. Partisan des théories libérales de François Quesnay et de Gournay, il est nommé secrétaire d'État à la Marine, puis contrôleur général des finances du roi Louis XVI.
(3) Pierre Clément Eugène Pelletan, né à Saint-Palais-sur-Mer le 29 octobre 1813 et mort à Paris le 13 décembre 1884, est un écrivain, journaliste et homme politique français. Il finit sa carrière politique comme sénateur des Bouches-du-Rhône de 1876 à 1884 et est élu en janvier 1879 vice-président du Sénat. Compté parmi les « pères fondateurs » de la Troisième République, il est désigné sénateur inamovible en juin 1884.

Chapitre III

LE PAYS SOUS LOUIS XVI

Préambule

Mesdames, Messieurs,

Permettez-moi, tout d'abord, de solliciter votre indulgence. Je crois y avoir quelque droit et voici pourquoi :
Lorsque l'honorable, Monsieur Payot, notre cher et vénéré président m'a demandé de prendre la parole ce soir, je n'aurais pas hésité un seul instant à décliner son offre pourtant si flatteuse pour moi, car je sais mieux que personne que je ne possède aucune des solides qualités de vos habiles conférenciers, et que, venant après eux, et alors que leurs talents vous ont nécessairement rendus plus exigeants que le public ordinaire, il me serait particulièrement difficile de choisir et surtout de traiter convenablement un sujet pouvant réellement intéresser une société d'élite comme la vôtre.
J'ai accepté cependant.
J'ai accepté, parce que j'ai trouvé là, l'occasion que je recherchais depuis longtemps déjà, d'exprimer publiquement à Monsieur Payot, notre fondateur-président, à cet éminent

penseur, à ce doux philosophe et à ce parfait démocrate, mon tribut d'admiration et de reconnaissance civique pour les signalés services qu'il nous rend ici, pour le zèle et le talent qu'il apporte à la prospérité de notre université populaire déjà si forte et si belle, malgré sa jeunesse, et qui tient si largement sa place parmi nos autres sociétés républicaines.

Et comme, en m'acquittant de cette dette de cœur, j'ai la conviction de vous faire plaisir à tous, j'ai espéré, Mesdames et Messieurs, que vous vous contenteriez de ma bonne volonté, alors même qu'elle ne suffirait pas pour m'élever à la hauteur de la tâche que j'ai entreprise en venant vous entretenir pendant quelques instants, de la condition du travailleur français avant la révolution de 1789.

Mesdames et Messieurs,

Je viens vous demander en outre, la permission de ne pas vous donner à ce sujet mon opinion personnelle, d'abord, parce qu'elle manquerait d'autorité et, ensuite, parce qu'en me livrant à une improvisation, je pourrais commettre des erreurs et tomber dans des exagérations en un sens ou dans l'autre.

J'ai préféré me documenter à cet égard et remonter aux sources les plus autorisées. J'emprunterai donc mes citations à Hippolyte Taine, dans son ouvrage sur les origines de la France contemporaines et à un Anglais, souvent cité par monsieur Taine, Monsieur Arthur Young (1), dans le récit de ces voyages en France pendant les années 1787-1788-1789-1790, et, enfin, à d'autres illustres contemporains de cette époque-là.

Ni l'un, ni l'autre de ces auteurs n'étaient animés d'un amour excessif pour la démocratie et leurs ouvrages révèlent plutôt

leurs chaudes sympathies pour l'Ancien Régime.
Je suis donc bien sûr, de ne vous apporter ici, que la vérité historique et de laisser dans l'ombre la plus grande partie des causes de l'extrême détresse de nos aïeux.

Référence :

(1) Arthur Young est un agronome anglais qui voyage en France pour voir l'état de l'agriculture dans le pays et est témoin des révoltes annonçant la révolution.

L'EXTRÊME MISÈRE DU PEUPLE

La Bruyère (*1*) écrivait juste un siècle avant 1789 :

« ... L'on voit certains animaux farouches, des mâles et des femelles, répandus par la campagne, noirs, livides et tout brûlés du soleil, attachés à la terre qu'ils fouillent et remuent avec une opiniâtreté invincible. Ils ont comme une voix articulée, et quand ils se lèvent sur leurs pieds, ils montrent une face humaine ; et en effet, ils sont des hommes. Ils se retirent la nuit dans des tanières où ils vivent de pain noir, d'eau et de racines. Ils épargnent aux autres hommes, la peine de semer, de labourer et de recueillir pour vivre, et méritent ainsi, de ne pas manquer de ce pain qu'ils ont semé... »

En 1725, Saint-Simon (*2*) dit :

« ... *Au milieu des professions de Strasbourg et de Chantilly, on vit en Normandie d'herbes des champs. Le premier roi de l'Europe ne peut être un grand roi, s'il ne l'est que de gueux de toutes conditions, et si son royaume tourne en un vaste hôpital de mourants à qui l'on prend tout en pleine paix...*»
« ... *Au plus beau temps de Fleury (3) et dans la plus belle région de France, le paysan cache son vin à cause des aides, son pain à cause de la taille, persuadé qu'il est un homme*

perdu si l'on peut se douter qu'il ne meurt pas de faim... »

En 1739, d'Argenson écrit dans son journal :

[... La disette vient d'occasionner trois soulèvements dans les provinces, à Ruffer, à Caen et à Chinon. On a assassiné sur les chemins, des femmes qui portaient du pain...
[... Monsieur le duc d'Orléans porta l'autre jour au conseil, un morceau de pain le mit devant la table du roi et dit :

« Sir, voilà de quel pain se nourrissent aujourd'hui vos sujets. Dans mon canton de Touraine, il y a déjà plus d'un an que les hommes mangent de l'herbe. »

Le roi interrogeant l'évêque de Chartres sur l'état de ses peuples, celui-ci répondit que la famine et la mortalité y étaient telles, que les hommes mangeaient de l'herbe comme des moutons et crevaient comme des mouches.

En 1740, Massillon, évêque de Clermont-Ferrand, écrit à Fleury :

« ... Le peuple de nos campagnes vit dans une misère affreuse, sans lits, sans meubles. La plupart même, la moitié de l'année, manquent de pain, d'orge et d'avoine qui fait leur unique nourriture et qu'ils sont obligés d'arracher de leur bouche et de celle de leurs enfants, pour payer les impositions.
J'ai la douleur chaque année, de voir ce triste spectacle devant mes yeux, dans mes visites. C'est à ce point, que les nègres de nos îles sont infiniment plus heureux, car, en travaillant ils sont nourris et habillés avec leur femme et leurs enfants, au

lieu que nos paysans, les plus laborieux du royaume, ne pouvant avec le travail le plus dur et le plus opiniâtre, avoir du pain pour eux et leur famille et payer les subsides... »

«... Parcourez les correspondances administratives des trente dernières années qui précèdent la Révolution, dit monsieur Taine *: 100 indices vous révéleront une souffrance excessive visiblement pour l'homme du peuple, paysan, artisan, ouvrier, qui subsiste par le travail de ses bras, la vie est précaire ; il a juste ce qu'il faut pour ne pas mourir de faim et plus d'une fois, ce pain lui manque... »*

En 1784, l'intendant de Poitiers (*4*) écrit :

« ... Que dès que les ateliers de charité sont ouverts, il s'y précipite un nombre prodigieux de pauvres, quelque soin qu'on ait pris pour réduire les prix et n'admettre à ce travail que les plus nécessiteux... »

L'intendant de Bourges marque qu'un grand nombre de métayers ont vendu leurs meubles, que des familles entières ont passé deux jours sans manger et que, dans plusieurs paroisses, les affamés restent au lit la plus grande partie du jour pour souffrir moins (28 mars 1784).

L'intendant d'Orléans annonce qu'en Sologne, de pauvres veuves ont brûlé leurs bois de lit, d'autres leurs arbres fruitiers pour se préserver du froid.
Et le peuple des villes n'est guère plus heureux que celui des campagnes. Au mois d'avril 1752, un officier dont la troupe est en garnison à Mézières, écrit :

[... Le peuple est si misérable dans cette ville, que dès qu'on avait servi le dîner des officiers dans les auberges, le peuple se jetait dessus et le pillait...]

À Paris même en 1753, monsieur d'Argenson écrivait ceci :

[... J'apprends que le jour où monsieur le Dauphin et madame la Dauphine allèrent à Notre-Dame, passant au pont de la Tournelle, il y avait plus de 2 000 femmes assemblées dans ce quartier-là qui leur crièrent :
« *Donnez-nous du pain ou nous mourrons de faim.*]

Un des vicaires de la paroisse de Sainte-Marguerite assure qu'il a péri plus de 800 personnes de misère dans le faubourg Saint-Antoine depuis le 20 janvier jusqu'au 20 février, que les pauvres gens expiraient de froid et de faim dans leurs greniers.

Le Marquis d'Argenson écrivait une autre fois :

[... Dans la seule petite ville de Châtellerault (qui est de 4 000 habitants), il y avait 1 800 pauvres... La quantité des pauvres surpasse celle des gens qui peuvent vivre sans mendier... Et les recouvrements se font avec une rigueur sans exemple ; on enlève les habits des pauvres, leurs derniers boisseaux de froment, les loquets des portes...]

Références :

(1) Jean de La Bruyère, est né le 16 août 1645 à Paris et mort le 11 mai 1696 à Versailles. C'est un moraliste français. Il est célèbre pour une œuvre unique, « Les Caractères ou les Mœurs de ce siècle » (1688). Cet ouvrage, constitué d'un ensemble de brèves pièces littéraires, compose une chronique essentielle de l'esprit du XVIIe siècle.

(2) Louis de Rouvroy, duc de Saint-Simon, né le 16 janvier 1675 à Paris où il est mort le 2 mars 1755, est duc, pair de France, courtisan et mémorialiste. « Espion sagace et fantasque de Versailles et des coulisses du pouvoir », c'est un témoin essentiel de la fin du règne de Louis XIV et de la Régence.

(3) Le cardinal de Fleury, aumônier de la reine Marie-Thérèse, précepteur de Louis XV puis Premier ministre du roi, a occupé l'une des fonctions les plus importantes de l'État. Administration, économie, politique étrangère, le cardinal de Fleury, surnommé « Son Éternité », ne laisse rien lui échapper. Il continue jusqu'à sa mort en 1743 à gérer les affaires de l'État.

(4) Intendant de Poitiers : Paul Esprit Marie de la Bourdonnaye, marquis de la Bourdonnaye et comte de Blossac né le 29 août 1716 à Rennes et mort le 26 fructidor an VIII (13 septembre 1800) à Goven. Conseiller au Parlement de Paris en 1737, maître des requêtes en 1742, il est intendant de la généralité de Poitiers de 1750 à 1784.

Chapitre IV

LE PAYSAN SOUS LOUIS XVI

Considérant de près les extorsions dont souffrait alors le cultivateur français, Monsieur Taine reconnaît que le décrinateur et le roi prenaient la moitié du produit net si la terre était grande, et qu'ils prenaient tout entier, si la terre était petite.

Telle grosse ferme de Picardie, ajoute-t-il comme exemple, qui vaut 3 600 livres au propriétaire, paie 1 800 livres au roi et 1 311 au décrinateur, soit ensemble 3 111 livres, ne laissant au producteur que 489 livres, moins du septième pour vivre ! Et il ne s'agit ici que de l'impôt direct, tailles, accessoires, capitation taillable, vingtième, taxe pécuniaire substituée à la corvée.

En Champagne, sur 100 livres de revenus, le contribuable paie 54 livres 15 sous à l'ordinaire et 71 livres 13 sous dans plusieurs paroisses (Procès-verbaux de l'Assemblée provinciale de Champagne en 1787).

Il résulte du cahier de la paroisse d'Épreville (Eure) que sur 100 francs de recette, le trésor en prenait 25 pour la taille, 16 pour les accessoires, 15 pour la capitation, 11 pour les vingtièmes. Total 67 livres.

C'est à peu près six fois autant qu'aujourd'hui !

Voilà pour le cultivateur.

Voici maintenant pour l'artisan et pour l'ouvrier des villes.

À défaut de la terre, le fisc saisit l'homme ; à défaut du revenu, on taxe le salaire. Le moindre journalier n'ayant que ses bras pour vivre et gagnant 10 sous par jour, paie 8, 9, 10 livres de capitation. Il ressort d'un mémoire adressé à monsieur Necker le 25 octobre 1788, qu'en Bourgogne, il est ordinaire de voir un malheureux manœuvre sans aucune possession, imposé à 18 ou 20 livres de capitation et de taille. À paris, le cendrier, le marchand de bouteilles cassées, le gratte-ruisseau, le crieur de vieilles ferrailles et de vieux chapeaux, dès qu'ils ont un gîte, paient la capitation, 3 livres 10 sous par tête. Pour qu'ils n'oublient pas de la payer, le locataire qui leur sous-loue, est responsable.
Ces impôts entraînaient de l'aveu d'un contrôleur général, chaque année, 4 000 saisies domiciliaires et 4 000 condamnations à l'emprisonnement et aux galères.

On peut résumer ainsi, les idées vagues qui commencent à fermenter dans les têtes populaires :
Je suis misérable parce qu'on me prend trop. On me prend trop, parce qu'on ne prend pas assez aux privilégiés. Non seulement les privilégiés font payer à leur place, mais encore ils prélèvent sur moi leurs droits féodaux et ecclésiastiques. Quand sur mon revenu de 100 francs, j'ai donné 55 francs et au-delà au collecteur, il faut encore que j'en donne plus de 14 au seigneur et plus de 14 pour le dîner, et, sur les 18 ou 19 francs qui me restent, je dois en outre, satisfaire le rat de cave

et le gabelou (douanier).

À moi seul, pauvre homme, je paie deux gouvernements : l'un, ancien, local, qui aujourd'hui est absent, inutile, incommode, humiliant et n'agit plus que par ses gênes, ses passe-droits et ses taxes ; l'autre, récent, centra, partout présent qui, se chargeant seul de tous les services, a des besoins immenses et retombe sur mes maigres épaules de tout son énorme poids.

On peut encore s'en faire une idée exacte en lisant la lettre suivante reproduite dans les Doléances de la commune de Calnon (élection de Langres) :

[... Sir, écrit un village de Champagne, tout ce qu'on nous envoyait de votre part, c'était toujours pour avoir de l'argent. On nous faisait bien espérer que cela finirait, mais tous les ans cela devenait plus fort. Nous ne nous en prenions pas à vous, tant nous vous aimions, mais à ceux que vous employez et qui savent mieux faire leurs affaires que les vôtres. Nous croyions qu'ils vous trompaient et nous nous disions dans notre chagrin : si notre bon roi le savait...]

Chapitre V

CONVOCATION DES ÉTATS GÉNÉRAUX

Le secret espoir de la Monarchie

Le 5 mai 1789, le roi Louis XVI ouvre les états généraux à Versailles. C'est le dernier moyen qui lui reste pour tenter de sauver le royaume de la faillite et contenir la révolte qui gronde. La dette de l'état est telle que ses créanciers ne peuvent et ne veulent plus prêter de l'argent.
Dans l'impasse, le gouvernement ne voit bientôt plus d'autre issue que de convoquer les états généraux, avec l'espoir qu'une assemblée des délégués de tout le pays pourra imposer des réformes aux privilégiés.

Quoique le peuple fut écrasé d'impôts, la monarchie avait depuis quelques années déjà un besoin si pressant et si urgent d'obtenir de nouveaux subsides, qu'elle ne pût reculer plus longtemps la convocation des États Généraux. Une ordonnance royale du 24 janvier 1789 régla les conditions de leur élection.

Je vous demande la permission, Mesdames et Messieurs, de

vous lire la première partie du préambule de cette ordonnance :

«... Le Roi, en adressant aux diverses provinces soumises à son obéissance, des lettres de convocation pour les États Généraux, a voulu que ses sujets fussent tous appelés à concourir aux élections des députés qui doivent former cette grande et solennelle assemblée.
Sa Majesté a désiré que des extrémités de son royaume et des habitations les moins connues, chacun fût assuré de faire parvenir jusqu'à Elle, ses vœux et ses réclamations.
Sa Majesté ne peut souvent atteindre que par son amour à cette partie de ses peuples, que l'étendue de son royaume et l'appareil du trône semblent éloigner d'Elle, et qui, hors de la portée de ses regards, se fie néanmoins à la protection de sa justice et aux soins prévoyants de sa bonté... »

Je vous prie de m'autoriser à ne vous faire qu'un résumé très court des 50 articles de cette ordonnance royale :
Chacun des trois ordres, clergé, noblesse, tiers état, nommait ses députés par bailliage ou par sénéchaussée.
Le nombre des députés fut proportionné à la population et aux contributions. Le tiers état élut un nombre de députés double de celui de chacun des deux premiers ordres.
Le clergé et la noblesse, ayant eu chacun 250 députés, le tiers état en eut donc 500.
Dans les deux premiers ordres, le vote fut direct, tandis qu'il ne fût qu'au second degré pour le tiers état.
Tout Français, âgé de 25 ans et inscrit au rôle des contributions, fut appelé à voter.

Le dépouillement des Cahiers de 1789

Les doléances et les injonctions du Tiers État

L'énergie du peuple

Les assemblées provoquées par les règlements royaux ne devaient pas se borner à des opérations électorales ; elles avaient aussi à fournir des Cahiers contenant leurs doléances et leurs vœux. On en demandait un à chaque paroisse, aux plus petites corporations. Le nombre en fût très considérable, il a peut-être dépassé 50 000.

La plupart de ces cahiers ont une forme et un style mal approprié à la condition des gens qui étaient à peine capables de les signer ; de sorte qu'il est nécessaire de dire quelques mots au sujet de leur rédaction.
Le plus souvent, surtout dans les campagnes, un des comparants est chargé par l'assemblée de rechercher les demandes à faire. Il les expose à l'examen des habitants de la paroisse, ou délibère. Et c'est après les observations des uns et des autres que le Cahier est arrêté.
Plusieurs Cahiers de bailliage portent les traces de débats sérieux et d'une révision consciencieuse.
J'en cite deux comme exemples :
Celui du Tiers de Soissons a été au cours de la discussion,

modifié en différents endroits : 12 articles ont été ajoutés, 5 ont été supprimés.

Les députés des cinq bailliages réunis à Vitry-le-François pour faire un Cahier commun ont marqué les points sur lesquels ils n'étaient pas d'accord et donné leurs motifs à l'appui des différents avis.

Le gouvernement en se résignant à convoquer la Nation, avait pû compter sur trois sujets principaux de discorde : les privilèges en matière d'impôts, les droits féodaux et la manière de voter dans les États Généraux.

Mais le gouvernement avait compté sans son hôte, ainsi que vont vous le prouver quelques exemples.

«... Dans le cas où les députés du Clergé et de la Noblesse refuseraient de voter en commun, dit le Tiers de Dijon, les députés du Tiers représentant 24 000 000 d'hommes... Pourront et devront se dire Assemblée nationale malgré la scission des représentants de 4 à 500 000 individus... »

Le Cahier de Vitry-le-François contient ces instructions :

« ... Qu'en aucun cas le Tiers ne puisse être représenté que par des membres pris dans son Ordre... »

Ainsi, le bon sens du peuple réussit à déjouer les combinaisons cupides de la Royauté, qui comptait bien que le Tiers état ne pourrait obtenir le vote par tête, de sorte que ses vœux resteraient forcément stériles puisque la Noblesse et le Clergé étaient aussi intéressés qu'elle-même à les repousser d'une manière impitoyable.

Chapitre VI

CONCLUSION

Mesdames, Messieurs,

Voulez-vous maintenant, que nous essayions de nous rendre un compte à peu près exact de ce qu'était alors l'ouvrier ou le paysan français au point de vue de son état d'esprit, du train courant de ses idées et de sa façon de penser ?

Comparons-le avec un de nos paysans contemporains et retranchons-en toutes les idées qui, depuis plus d'un siècle, entrent dans son cerveau par tant de voies ; par l'école primaire, par le retour de conscrits à l'expiration de leur service militaire, par la multiplication prodigieuse des livres, des journaux, des routes, des chemins de fer, des voyages et des communications de toute espèce.
Tâchons de nous figurer le paysan d'alors, ne sachant ni lire ni écrire, clos et parqué de père en fils dans son hameau, sans chemins vicinaux, sans nouvelles, tout entier au souci du pain quotidien et de l'impôt.

En 1751, d'Argenson écrivait dans son journal, sur le compte de nos paysans :

« ... Rien ne les pique aujourd'hui des nouvelles de la cour ; ils ignorent le règne ... La distance devient chaque jour plus grande de la capitale à la province... On ignore ici les évènements les plus marqués qui nous ont frappés à Paris... Les habitants de la campagne ne sont plus que de pauvres esclaves, des bêtes de trait attachées à un joug, qui marchent comme on les fouette... »

Mesdames et Messieurs,

En voilà assez pour vous édifier un peu sur l'extrême détresse du prolétariat français avant notre grande et immortelle Révolution et pour vous montrer que nos glorieux ancêtres de 1789 ont été ses premiers et ses véritables rédempteurs.
En voilà assez pour vous convaincre que c'est grâce à leurs courageux efforts, que notre existence est aujourd'hui moins précaire et un peu plus supportable.
Mais cela doit suffire aussi pour que nous nous montrions reconnaissants du passé, en continuant leurs efforts pour réaliser la justice sociale, nous, qui sommes plus forts qu'ils ne l'étaient, puisque nous avons aujourd'hui tout ce qui leur manquait alors ; la liberté politique, la souveraineté nationale, des ressources et l'instruction, voire même l'éducation politique.

Je serais heureux pour ma part, si je vous en avais inspiré la noble passion et si j'avais réussi à vous intéresser à cette partie de notre histoire, car elle est véritablement admirable et féconde en enseignements.
Puissiez-vous, Mesdames et Messieurs, vous rappeler jour après jour, heure après heure, cette tempête où l'âme

humaine frémissante d'horreur et de sainte colère chercha la vérité dans un océan de larmes et de sang.

Puissiez-vous, comme le dit, Georges Sand, sentir jusqu'à la moelle de vos os, le frisson que la génération d'hier légua à celle d'aujourd'hui comme un contrecoup de ses immortelles souffrances !

Chapitre VII

LA SOUVERAINETÉ SOCIALE

Mesdames, Messieurs,

Permettez-moi tout d'abord de solliciter votre indulgence. Je crois y avoir quelque droit, et voici pourquoi.
Lorsque, l'honorable monsieur Lefèvre, notre sympathique et si dévoué président, m'a demandé de prendre la parole ce soir, je n'aurais pas hésité un seul instant à décliner son offre pourtant si flatteuse pour moi, car je sais mieux que personne, que je ne possède aucune des solides qualités de nos savants professeurs qui sont nos habiles conférenciers habituels et que venant après eux, et alors que leurs talents nous ont nécessairement rendus plus exigeants que le public ordinaire, il me serait particulièrement difficile de choisir et surtout de traiter convenablement un sujet pouvant réellement intéresser une société d'élite comme la vôtre.

J'ai accepté cependant. J'ai accepté, parce que j'ai trouvé là, l'occasion que je recherchais depuis longtemps déjà, d'exprimer publiquement à monsieur Lefèvre, toute ma reconnaissance civique pour les signalés services qu'il nous rend ici, pour le zèle si éclairé qu'il apporte à la prospérité de

notre université populaire, continuant ainsi l'œuvre féconde entreprise par monsieur Doyot, son honorable professeur-prédécesseur, notre vénéré président fondateur.
Et comme en m'acquittant de cette dette de cœur, j'ai la conviction de vous faire plaisir à tous, j'ai espéré, Mesdames et Messieurs, que vous vous contenteriez de ma bonne volonté, alors même qu'elle ne suffirait pas pour m'élever à la hauteur de la tâche que j'ai assumée en venant vous entretenir pendant quelques instants de l'organisation du suffrage universel en France.

La souveraineté sociale réside dans l'ensemble de la nation. Chaque peuple est maître de ses destinées. Aucun ne peut abdiquer son droit de souveraineté, pas plus, qu'un individu ne peut aliéner à toujours, sa liberté. Un peuple qui cesse d'être souverain, cesse d'être un peuple, comme un être qui n'est plus libre, cesse d'être un homme.

Aujourd'hui, ces idées nous paraissent devoir être reçues comme des axiomes et celles qui donnent à la souveraineté une autre origine que le corps social lui-même nous semblent consacrer de graves erreurs.
On a voulu faire descendre la souveraineté du ciel et l'on a prétendu qu'elle est de droit divin. La théorie du droit divin, adoptée par Bossuet (*1*), Domat (*2*) et monsieur de Bonald (*3*), fait des rois les ministres, les représentants de Dieu sur la terre.
Si les chefs d'État sont dépositaires de la souveraineté de Dieu, il s'ensuit que leur droit ne peut leur être repris que par la divinité et ne saurait jamais leur être enlevé légitimement par la nation.
Cette conséquence monstrueuse démentie par l'histoire,

suffirait par ruiner la théorie de la légitimité du droit divin. L'origine céleste attribuée à la souveraineté a donné lieu à une autre conséquence plus importante encore que celle de la prétendue légitimité du droit divin, que se sont arrogé d'anciennes monarchies.

Elle a servi de base à la prétention du pouvoir spirituel de se placer au-dessus de tout autre pouvoir dans l'état et ainsi, d'être le vrai et seul souverain.

Cette théorie surannée et subversive funeste au repos public et fatale à la religion même, existe encore dans les pays où la réforme religieuse s'est faite au nom de la liberté.

La souveraineté virtuelle réside, pour tout état, dans l'ensemble de la nation.

Mais comment cette souveraineté latente se dégage-t-elle ? Comment s'exerce-t-elle ?

C'est là que gît la plus grande difficulté, difficulté qui touche immédiatement aux conséquences pratiques.

Elle s'exerce par le peuple, soit directement, soit par des délégués temporaires.

La délégation, d'où résulte tout le droit constitutionnel est, à coup sûr, l'acte politique le plus grave que puisse faire une nation.

Tous les citoyens peuvent-ils y participer, sauf ceux que des infirmités naturelles rendent incapables et ceux qu'une condamnation judiciaire rend indignes ?

Non, si le suffrage politique est considéré comme un droit appartenant à chaque membre de la nation, aussi bien que la liberté personnelle, la sûreté, la propriété.

Non, si le suffrage est considéré comme une fonction publique dont la puissance peut être réglementée par des conditions d'aptitude et d'autres restrictions légales.

La première de ces deux manières d'envisager le droit de suffrage est plus conforme au principe de la souveraineté. C'est celle qui a été consacrée en 1848. Elle forme la base de la législation actuelle.

Références :

(1) Bossuet, Jacques Bénigne (Dijon 1627-Meaux 1704). Prélat, théologien et écrivain français. Évêque de Condom en 1669, il est précepteur du Grand Dauphin de 1670 à 1680. Pour son élève, il écrit le « Discours sur l'histoire universelle » (1681) où il tente de faire la synthèse entre le pouvoir divin et l'activité humaine. Bossuet expose ses idées à propos de la monarchie absolue de droit divin dans un ouvrage posthume tiré des propres paroles de l'Écriture sainte à monseigneur le dauphin. Pour Bossuet, théoricien de la monarchie absolue de droit divin, le roi est un ministre de Dieu sur terre. Il est sacré et divin, car il a reçu les saintes onctions.

(2) Jean Domat, ou Daumat (30 novembre 1625 - 14 mars 1696). Avocat du roi au présidial de Clermont-Ferrand, puis pensionné par Louis XIV, il a consacré toute sa vie à l'étude de la jurisprudence. L'objectif de Domat a été de présenter l'ensemble du droit français comme un ensemble cohérent et intelligible. Pour lui, tous les dysfonctionnements proviennent de « l'incertitude des règles », du « désordre des lois ». Il souhaite rationaliser le droit français, et pour cela, il continue le mouvement de codification des principes généraux commencé par Charles Dumoulin (1500-1566). Les Lois civiles dans leur ordre naturel figurent comme l'un des monuments du droit civil français, commençant la synthèse des coutumes qui s'achèvera avec la publication du Code Napoléon.

(3) Louis-Gabriel-Ambroise, vicomte de Bonald, né le 2 octobre 1754 à Millau où il meurt le 23 novembre 1840, est un homme politique, philosophe et essayiste français, grand adversaire de la Révolution française. Monarchiste et catholique, ce gentilhomme du Rouergue issu d'une longue lignée de juristes est la grande voix des légitimistes.

Dans ses nombreux ouvrages, il s'attaque à la Déclaration des droits de l'homme, au Contrat social de Jean-Jacques Rousseau et aux innovations sociales et politiques de la révolution pour prôner le retour à la royauté et aux principes de l'Église catholique romaine. Louis de Bonald est considéré comme l'un des précurseurs de la sociologie.

Chapitre VIII

LA RÉVOLUTION FRANÇAISE

Mesdames et Messieurs,

Je vous demande la permission d'évoquer tout de suite le témoignage de Mirabeau. Voici sur ce point, l'opinion de l'illustre orateur du peuple :

«... Il n'est personne, qui n'avoue que la Nation a été préparée à la Révolution par le sentiment de ses maux, bien plus que par le progrès des lumières... »

Quant à Louis Blanc, voici son appréciation sur la révolution de 1789 :

«... Il faut rechercher les causes d'abord en les prenant aussi haut qu'il est possible d'en suivre la chaîne. Ce serait méconnaître la Révolution, sa portée sublime, que d'en confondre l'explosion et la date. Car enfin, ils ne sauraient être nés de quelques accidents vulgaires, de je ne sais quels modernes embarras, ces évènements dont le souvenir palpite encore. Ils résument plusieurs siècles de souffrances, de désastres, d'efforts généreux et de vaillantes colères.

Toutes les nations ont contribué à les produire ; toutes y ont leur avenir engagé. Et c'est justement la gloire de ce grand peuple de France d'avoir fait, au prix de son sang versé à flots, la besogne du genre humain ; d'avoir scandalisé l'Europe pour la sauver ; d'avoir défendu à outrance jusqu'à la mort, la cause de tous les peuples contre tous les peuples ; magnanime révolte, vraiment unique, dans laquelle, à travers les âges et d'un cours inévitable, les révoltes du passé sont venues se réunir et se perdre, comme font les fleuves dans la mer...» (Louis Blanc, *Histoire de la Révolution française*).

Les députés de 1789 sont-ils démocrates ? Pensent-ils que tout le peuple doit, ou peut être appelé à se gouverner lui-même par des mandataires qu'il élira ?
Non, le peuple leur semble encore trop ignorant pour que l'on puisse l'appeler tout entier à la vie politique. Il y avait des écoles, des instituteurs, mais le clergé qui était le dispensateur de l'enseignement donnait-il partout au peuple, une instruction suffisante ?
Les faits prouvent que le peuple, surtout dans sa masse rurale, était fort ignorant. S'il est impossible d'avoir une statistique générale des lettrés et des illettrés en France à la veille de la révolution, des statistiques partielles se trouvent dans certains cahiers et procès-verbaux d'élection.

Dans le bailliage de Nemours, la paroisse de Chavannes compte 47 électeurs primaires qui comparaissent : 10 signent à leur nom, 37 signent d'une croix, soit 79% d'illettrés.
Dans la sérichaussée de Draguignan à Flagose, sur 460 lecteurs, 89 seulement savent signer. À Vérignon sur 66, il n'y en a que 14 et le premier et le second consul ne savent pas signer.

Passons à l'ouest de la France, à Taillebourg, le subdélégué constate qu'il n'y a pas plus de 3 personnes sachant lire et écrire. Même les députés envoyés aux assemblées de bailliage par les assemblées primaires ne savent pas tous lire et écrire. Les procès-verbaux le constatent fort souvent, par exemple, à Clermont-Ferrand.
C'est le clergé lui-même qui reconnaît que l'enseignement primaire faisait défaut à une très grande partie du royaume. Le cahier du clergé de Gex regrette qu'il n'y ait pas dans les villages de petites écoles, situation qui ne se rencontre presque nulle part. Le clergé de Dax dit :
« ... *Les campagnes sont dépourvues de tout secours pour l'instruction de la jeunesse...* »

L'ignorance était donc avant la révolution bien plus grande qu'aujourd'hui, et cette masse illettrée semblait inerte, insensible à la propagande philosophique.
Les penseurs traitent le peuple en frères inférieurs et généralement, n'essaient pas de mettre la raison à sa portée. Ils semblent croire qu'il faut une religion pour le peuple, si l'on ne veut pas qu'il se révolte et trouble les méditations des sages. L'irréligion sera le privilège des bourgeois et des nobles, on ne doit pas la répandre dans les campagnes. Buffon à Montbard, va ostensiblement à la messe et exige que ses hôtes y aillent de même.
Mably (*1*) ne croit pas facile de former une société raisonnable avec ce ramassis « d'hommes sots, stupides, ridicules et furieux » qui entrent nécessairement dans sa composition.
Selon La Fayette (*2*), le peuple n'a pas du tout envie de mourir pour la liberté comme en Amérique. Il est engourdi, énervé par la misère et l'ignorance. Il semble donc qu'il y ait deux Frances, celle des lettrés et celle des illettrés ou plutôt, comme

on va le voir, celle des riches et celle des pauvres.
On ne songe donc pas, tout en proclamant « la souveraineté du peuple », à fonder une véritable démocratie, à confier le gouvernement de la nation à ce que nous appelons aujourd'hui le suffrage universel, chose alors irraisonnée, tant l'idée en était étrangère aux penseurs du 18e siècle.

Ainsi, en 1789, une théorie règne, consacrée par l'application qu'en ont faite les Américains, à savoir que les citoyens les plus aisés doivent seuls, administrer l'État, jouir des droits politiques. Les théoriciens les plus démocrates sont ceux qui veulent admettre dans cette nation, tous les propriétaires quelconques ou même ceux qui, sans être propriétaires, gagnent assez pour être vraiment libres. Mais le pauvre est exclu par tous de la classe des citoyens véritablement actifs, et est exclu de la cité politique.
Quand donc les écrivains en viennent à dire que le peuple est souverain, ce n'est qu'une partie du peuple dont ils entendent parler, celle qui possède, celle qui est instruite, la bourgeoisie. Cette division de la nation en deux classes, bourgeoisie et prolétariat, citoyens actifs et citoyens passifs, elle était déjà faite dans les esprits quand la Constitution l'établit dans la réalité.
Mais, les mêmes écrivains qui ne veulent pas plus de la démocratie que de la République, préparent l'avènement de la démocratie par le fait qu'ils proclament que les hommes sont égaux en droit, que la souveraineté réside dans le peuple et cette idée se répand jusque dans les masses profondes de cette population rurale, qu'ils croient sourde et insensible à leurs prédications.
Et même la démocratie se popularise avant la République, et celle-là, constituée la première en parti politique, amènera le

triomphe de celle-ci.

Les revendications démocratiques contre la bourgeoisie alliées à Louis XVI aboutiront par le suffrage universel, à la République - *Histoire politique de la Révolution française* - par Alphonse Aulard (*3*).

Insistons sur ce fait que le parti démocratique ne prit naissance ni parmi les paysans ni parmi les ouvriers. La masse rurale du peuple, toute à la joie de la destruction de l'ancien régime, ne songeait pas à revendiquer le droit de vote qu'elle semblait tenir plutôt pour une charge, une corvée ou un danger, que pour un privilège souhaitable.

Les ouvriers, moins nombreux alors qu'aujourd'hui, étaient plus sensibles à leur exclusion de la cité politique, mais le ton respectueux de la pétition du faubourg Saint-Antoine avait montré qu'ils s'y résigneraient s'ils étaient abandonnés à leurs seuls instincts.

Il fallut les sollicitations de certains bourgeois novateurs en 1790, pour que le suffrage universel devînt une thèse populaire.

Ce ne fut que le 10 août 1792 que le suffrage universel fut établi par l'Assemblée nationale :

« ... Pour la formation de la Convention nationale prochaine, tout Français, âgé de 25 ans, domicilié depuis un an, vivant du produit de son travail, sera admis à voter dans les assemblées des communes et dans les assemblées primaires... »

Le lendemain, 11 août, elle déclare formellement qu'elle supprimait la distinction des Français en citoyens actifs et non actifs et elle abaissa de 21 à 22 ans la condition d'âge exigée. Les démocrates ne furent pas entièrement satisfaits.

Beaucoup d'entre eux auraient voulu le suffrage universel direct et la législative avait maintenu les deux degrés de suffrage : assemblée primaire, assemblée électorale.

La Convention fit une Constitution en 1793 qui fut acceptée par le peuple dans ses assemblées primaires et qui fut proclamée loi fondamentale de la République le 1er Vendéniaire an IV.

Le caractère essentiel de cette Constitution, c'est la suppression du système démocratique établi le 10 août 1790. Au suffrage universel, on substitue le suffrage censitaire (*4*) en adaptant à la République le régime bourgeois qu'on avait adapté à la monarchie de 1789 à 1792.

Quand le décret, excluant les pauvres eut été porté, ni la presse démocratique, ni les ouvriers des faubourgs, ni ce qui restait de sociétés populaires, nul individu, nul corps ne protestèrent les rapports de police en signalant à ce sujet, de traces de mécontentement. La suppression du suffrage universel fut à peine remarquée des contemporains. Presque unanimement décidé, on pourrait dire que l'unanimité du peuple français l'accepta ou s'y résigna, tant était générale l'impopularité où étaient tombés les démocrates de l'an II, tant avait été complète la défaite du parti démocratique en prairial.

Et nous allons retrouver ce même état d'esprit soit lors du plébiscite de l'an X sur le Consulat à vie, soit à l'établissement de l'Empire en 1804.

Les rapports de police nous montrent qu'à Paris, dans les casernes, Bonaparte était populaire. Il en était de même dans les ateliers et la population laborieuse des faubourgs Saint-Antoine et Saint-Marceau, admirait et aimait le premier consul. Cette abdication si docile et si complète des ouvriers de Paris entre les mains d'un maître réduisit à l'impuissance les bourgeois républicains, dont l'opposition ne fut plus qu'une puérile fronde de salons. De la date de rupture entre les libéraux et le peuple : pendant de longues années, la démocratie, le suffrage universel sembleront incompatibles avec la liberté (Alphonse Aulard).

Références :

(1) L'abbé Gabriel Bonnot de Mably, né à Grenoble le 14 mars 1709 et mort à Paris le 2 avril 1785, est un philosophe français. Précurseur du socialisme utopique et de la Révolution, il se livre à une critique morale de la société d'Ancien Régime, exposant que l'inégalité des conditions et la propriété privée sont la cause des maux de la société. Il voit dans la propriété commune et l'égalité, moins un moyen d'atteindre le bonheur qu'un moyen d'atteindre la vertu.
(2) Gilbert du Motier, marquis de La Fayette, né le 6 septembre 1757 au château de Chavaniac près de Saint-Georges-d'Aurac (Auvergne) et mort le 20 mai 1834 à Paris 1er, est un officier et homme politique français, célèbre en raison de son engagement dans les rangs de l'armée des insurgés américains (1777-1783), puis dans l'aile libérale et réformiste de l'aristocratie française (1784-1792), enfin dans l'opposition libérale au régime de la monarchie de juillet qu'il avait pourtant contribué à établir lors des Trois Glorieuses (juillet 1830)
(3) Alphonse Aulard, né le 19 juillet 1849 à Montbron (Charente) et mort le 23 octobre 1928 à Paris 1er.
Titulaire de la première chaire d'histoire de la Révolution française à la Sorbonne, à partir de 1885 et jusqu'en 1922, c'est l'un des premiers historiens de la Révolution à s'appuyer sur de véritables recherches archivistiques, avec un corpus scientifiquement confirmé. Il est par ailleurs un radical-socialiste et un franc-maçon militant, et cofonde la Ligue des droits de l'homme.
(3) Le suffrage censitaire est le mode de suffrage dans lequel seuls les citoyens dont le total des impôts directs dépasse un seuil, appelé cens, sont électeurs. Parfois, le cens pour être éligible est fixé à un seuil plus élevé. Il existait des variantes, à mi-chemin entre le suffrage censitaire et le suffrage

universel, dans lesquelles chaque électeur a un poids différent selon son niveau d'imposition, notamment le système des trois classes en Prusse et le vote plural en Belgique. Ces modes de suffrages s'utilisaient en Europe jusqu'au milieu du XXe siècle.

Chapitre IX

CONSTITUTION DE LA RÉPUBLIQUE FRANÇAISE DU 4 NOVEMBRE 1848

Préambule

La France s'est constituée en République.
En acceptant cette forme définitive de gouvernement, elle s'est proposée pour but de marcher plus librement dans la voie du progrès et de la civilisation, d'assurer une répartition de plus en plus équitable des charges et des avantages de la société, d'augmenter l'aisance de chacun par la réduction graduée des dépenses publiques et des impôts, et de faire parvenir à tous les citoyens, sans nouvelle commotion, par l'action successive et constante des institutions et des lois, à un degré toujours plus élevé de moralité, de lumière et de bien-être.

Les anciennes classes dirigeantes n'accepteront jamais la République, car elles voudront toujours exclure les pauvres de la cité politique.
Pour elles, il est évident que les propriétaires sans le consentement desquels personne ne pourrait ni loger, ni

manger dans ce pays, en sont les citoyens par excellence. Ils sont souverains par la grâce de Dieu de la nature de leur travail, de leurs avances, des travaux et des avances de leurs ancêtres.

Un jour, un conservateur en la personne de François-Antoine Boissy-d'Anglas (*1*), pourtant assez libéral, me disait à peu près ceci :

« ... Nous devons être gouvernés par les meilleurs. Les meilleurs sont les plus instruits et les plus intéressés au maintien des lois. Or, à bien peu d'exception près, vous ne trouverez de pareils hommes que parmi ceux qui possèdent une propriété, sont attachés au pays qui la contient, aux lois qui la protègent, à la tranquillité qui la conserve et qui doivent à cette propriété et à l'aisance qu'elle donne à l'éducation qui les a rendus propres à discuter avec sagesse et justesse, les avantages et les inconvénients des lois qui firent le sort de leur patrie. Un pays gouverné par les propriétaires dans l'ordre social : celui où les non-propriétaires gouvernent est dans l'état de nature ... »

Et, c'est vainement que je lui faisais remarquer l'effort admirable du parti républicain qui depuis plus de 30 ans, par ses victoires électorales ininterrompues et par l'ensemble des réformes démocratiques qu'il a fait voter et qui sont empreintes de tant de justice et d'équité, que toutes, oui, toutes, sans exception, ont été ratifiées par l'immense majorité du pays et a assuré le triomphe définitif de la République.

La Constitution de 1848 fut votée par 739 représentants du peuple sur 769 votants. Mais cette belle majorité ne devait pas durer longtemps.

Après les élections du 28 avril 1850, sous prétexte qu'elles avaient provoqué une violente agitation dans les esprits, le gouvernement fit voter la loi du 31 mai 1850 qui enlevait le droit de vote à deux millions et demi de citoyens sur un total de neuf millions et demi. La belle majorité de 769 voix était devenue une faible minorité de 221 votants.
Déjà en 1848, le rapporteur sur le projet de la Constitution disait :

« ... Mais à cet enthousiasme français, qui n'a d'exemples dans aucun pays du monde, au lendemain d'une révolution, succédera bientôt, n'en doutez pas, cette apathique indifférence, qui est aussi le caractère de notre nation et qui a fait dire à Louis-Philippe et à Charles X, que le peuple français avait donné sa démission.
Or, l'apathie et l'indifférence sont, vous le savez, les vices les plus dangereux du suffrage universel. Ils ont puissamment contribué à perdre notre première République. Ils se sont manifestés encore de la manière la plus fâcheuse dans les dernières élections et si le mal continuait à s'aggraver de plus en plus, c'en serait fait de l'édifice que nous voulons fonder, car, lorsque les électeurs restent sous la tente, il n'y a plus de suffrage universel, il n'y a plus de suffrage direct, il n'y a plus qu'intrigues et mensonges... »

Voici les motifs de cette loi de mutilation du suffrage universel qui furent adoptés par 433 représentants :

« ... En présence de ce fait que le prolétariat est en majorité dans le monde et qu'il est inapte à fonder par lui-même une société durable, en présence aussi de l'état arriéré de notre éducation si peu préparée aux luttes passionnées de la presse que la Constitution a néanmoins conféré les mêmes droits électoraux, c'est-à-dire, le choix des hommes qui doivent exercer l'action la plus directe sur les ressorts forts compliqués de la machine gouvernementale, à tous les citoyens indistinctement possesseurs ou prolétaires, vivant de leur travail ou de secours publics, instruits ou ignorants, bien fondés ou passant leur vie dans le désordre. »

Extrait du discours de monsieur Charles Dupin (*2*) de la Nièvre.

[... *Ainsi, le suffrage universel, soit ! mais à condition que l'universalité y prendra part, car si elle est assez lâche ou malavisée pour rester chez elle, pour ne pas comprendre et ne pas accomplir son devoir, si elle est vaincue, il faut qu'elle ne s'en prenne qu'à elle-même.*
Ainsi donc, l'universalité dans le suffrage universel, l'universalité dans la garde nationale ; à ces conditions, je ne crains rien d'un pareil état, quelque démocratique qu'il soit, parce que, il faut le dire à l'honneur de l'espèce humaine, les hommes, pour le plus grand nombre, sont bons. Mais il ne suffit pas que les hommes soient bons, il faut qu'ils soient forts et ils ne le sont que par le nombre quand ils se manifestent.
La République, c'est l'effort commun, c'est l'effort de tous au profit de tous. Voilà ce qu'il ne faut jamais perdre de vue...]

10 octobre 1848 - Circulaire de Louis Eugène Cavaignac (*3*), président du Conseil.

« ... Le vote universel c'est la révolution tout entière... Tous les autres principes ne se présentent plus que comme des conséquences... Vous ne perdez pas de vue que la révolution

de février n'est pas la victoire d'un parti sur un autre.
La révolution de février, c'est la nation tout entière assistant sans colère au suicide de la monarchie, qui restait seule avec elle-même.

« ... Vous ne perdez pas de vue, que la république, objet des espérances et du culte ancien d'un petit nombre de citoyens, proclamée un jour où tout gouvernement, toute autorité manquaient au pays, a été acceptée, légitimée par l'exclamation de la nation tout entière.

« ... L'Assemblée nationale a voulu que la religion vînt consacrer la solennité qui se prépare. Le gouvernement s'était d'avance associé à cette pensée. »

« ... Vous trouverez je le sais, chez tous les ministres de la religion, un empressement patriotique à répondre à votre appel. Ils ont salué d'un sincère hommage, l'établissement de la république et y trouveront l'application de tous les principes de liberté, d'égalité et de fraternité, révélés au monde par l'évangile et soigneusement inscrits dans la constitution républicaine.
Ils élèveront pieusement leurs pensées vers Dieu qui protège la nation, la république. Ils le remercieront de ses bienfaits. Ils lui demanderont du bienfait nouveau pour la patrie commune... »

Mesdames, Messieurs,

J'ai abusé trop longtemps de votre bienveillante attention et je n'ajoute plus qu'un mot.
Puissions-nous tous ne négliger aucune occasion de défendre et de faire aimer la République démocratique !
Puissions-nous tous adopter comme le nouveau crédo de la

Religion nouvelle, de la Religion vouée au culte de l'Humanité, ce sublime préambule de la Constitution de la République française du 4 décembre 1848.

Références :

(1) François-Antoine de Boissy d'Anglas, né le 8 décembre 1756 à Saint-Jean-Chambre (province du Vivarais, actuel département de l'Ardèche), mort le 20 octobre 1826 à Paris, est un homme de lettres et homme politique de la Révolution française, du Premier Empire et de la Restauration. Il achète l'office de maître d'hôtel de Monsieur, comte de Provence, qui deviendra en 1814 Louis XVIII. Il se fait connaître par sa critique de l'absolutisme et son combat en faveur des protestants en France.
(2) Pierre Charles François Dupin (1784-1873), dit « Dupin puîné », est un mathématicien, homme politique, ingénieur et économiste français.
(3) Louis Eugène Cavaignac, connu aussi sous le nom de général Cavaignac, né le 15 octobre 1802 (23 vendémiaire an XI) à Paris et mort le 28 octobre 1857 dans son château d'Ourne à Flée. C'est un général et homme d'État français. Commandant des zouaves (1840-1845), gouverneur d'Algérie (1848) puis président du Conseil des ministres chargé du pouvoir exécutif durant l'année 1848, il est candidat à l'élection présidentielle de 1848, mais battu par Louis-Napoléon Bonaparte.

Chapitre X

LA LOI DU 31 MAI 1850

Après les élections du 28 avril 1850, sous prétexte qu'elles avaient provoqué une violente agitation dans les esprits et qu'elles avaient arrêté les transactions, monsieur Baroche (*1*), ministre de l'Intérieur, nomma une commission chargée de préparer un projet de loi sur les réformes à apporter à la loi électorale.
Une semaine s'était à peine écoulée, que cette commission avait achevé son travail dont voici la base :
En présence de ce fait que le prolétariat est en majorité dans le monde et qu'il est inapte à fonder par lui-même une société durable.
En présence, aussi, de l'état arriéré de notre éducation si peu préparée aux lettres passionnées de la presse et aux excitations permanentes des assemblées populaires, lesquelles sont incompatibles avec les progrès de l'industrie, que la Constitution a néanmoins conféré les mêmes droits électoraux, c'est-à-dire, le choix des hommes qui doivent exercer l'action la plus directe sur les ressorts fort compliqués de la machine gouvernementale à tous les citoyens indistinctement possesseurs ou prolétaires vivant de leur travail ou des secours publics, domiciliés ou nomades, instruits

ou ignorants, bien formés ou passant leur vie dans le désordre.

Le rapport fut déposé le 8 mai 1850 et discuté le 21 du même mois. De nombreuses pétitions furent déposées contre cette loi ne contenant pas moins de 527 000 signatures d'après monsieur Léon Faucher (*2*), son rapporteur.
Ce projet de loi a été combattu par monsieur Hyacinthe Marie Augustin Corne (*3*) en ces termes :

« ... Ai-je besoin de vous le rappeler Messieurs, que le pivot du projet, c'est l'impôt joint à un domicile prolongé, c'est le paiement de l'impôt personnel pendant 3 ans au moins.
Or, voyez la conséquence où l'on arrive : ceci n'est pas de la théorie de l'abstraction, c'est le fait pris sur le vif. Il y a actuellement en France, des millions d'hommes qui ne sont pas des nomades, je vous supplie d'observer ceci, qui sont, au contraire, les hommes les plus sédentaires.
De ces hommes qui peuvent remonter à plusieurs générations, et qui trouvent tous leurs aïeux dans le pays, qui sont intimement attachés à la ville qui les a vus naître, à la même manufacture, au même labeur, dans le même lieu depuis leur enfance.
Eh bien ! messieurs, le projet dirigé contre ses hommes pour qui le domicile n'est qu'un fait variable, ce projet, il va les atteindre en plein et ce sont ces hommes-là qu'il prive de la vie politique, ce sont ceux-là, qu'il jette en dehors de vos comités électoraux.
La démonstration de ce que je dis, la voulez-vous ?
Je la prends dans des chiffres, dans les statistiques mêmes qu'on nous a distribuées ; je prends des exemples particuliers d'autant plus palpables que je les choisis dans le département

que j'ai l'honneur de représenter.
Messieurs, dans le département du Nord, combien y a-t-il de citoyens inscrits sur le rôle de la contribution personnelle ? 143 000.
Combien y en a-t-il en dehors ? 147 000 !
C'est-à-dire, Messieurs, que le nombre des exclus est plus considérable que celui de ceux qui sont compris dans les effets de la nouvelle loi. Ce chiffre là seul, ne doit-il pas nous faire réfléchir ?
Et, que sont-ils ces citoyens exclus en si grand nombre ?
Mais ce sont dans nos villes manufacturières, dans toutes nos communes, des ouvriers, des hommes dont je vais vous dire tout de suite le caractère, je ne dirai pas le crime ; ce sont non pas des nomades, des étrangers, ce sont tout simplement des citoyens parfaitement domiciliés de fait et de droit, mais pauvres ...
Eh bien ! ces 147 000 individus dans le département du Nord qui ont voté en 1849 et qui seraient privés de voter dorénavant, à quoi devront-ils cette exclusion sous le régime nouveau ? Le voici, et ce que je dis du département du Nord est aussi vrai de tous les autres ; ce sont des citoyens qui dans leur ville, ont été allégés de l'impôt personnel par un sentiment honorable, un sentiment d'humanité du conseil municipal. Ce motif, je ne l'invente pas, c'est la loi même qui le dit, c'est la loi qui le permet, la loi du 21 avril 1832.
Que va-t-il cependant se passer dans l'application de la nouvelle loi ?
Lorsqu'il dressera les listes électorales, le maire, enfermé dans les prescriptions de la loi que nous aurons faite, sera tenu d'éliminer tous ceux qui ne paient pas la contribution personnelle ; non pas, certes, les vagabonds, les aventuriers, des hommes sans feu ni lieu, mais des plus vieux bourgeois

de la ville. Il trouvera devant lui, des gens stupéfaits d'apprendre, qu'habitants de Lille, de Valenciennes, de Douai depuis 20, 30, 40 ans, depuis leur naissance jusqu'à leur vieillesse, ils n'appartiennent pas à la cité. Eux qui n'ont jamais quitté le sol natal, leur foyer domestique, ils s'entendront dire : « À vous ! un domicile, vous n'en avez pas. »

Ce projet de loi fut voté le 31 mai 1850 par 433 voix contre 221. Cette loi en exigeant de l'électeur trois ans de domicile au lieu de six mois, enlève le droit de vote à deux millions et demi de citoyens sur un total de neuf millions et demi.
Elle détruisait donc, par voie détournée, le suffrage universel et renversait la Constitution.
La loi du 31 mai 1850 couvrit d'impopularité la majorité royaliste et orléaniste.
Louis-Napoléon Bonaparte en profite pour préparer la restauration de l'Empire à son profit, tandis que la majorité, également ennemie de la République, qui espérait sans avoir vécu, ne supportait cette république que par impossibilité de s'entendre pour la remplacer et pour s'en faire une arme contre le mouvement national : « *les Constitutions de la France* » par Faustin-Adolphe Hélie (*4*).
Aussi, Napoléon-Bonaparte s'empresse-t-il d'abroger cette loi du 31 mai 1850 par sa proclamation du 2 décembre 1851 et par le décret organique du 2 février 1852, qui ordonne de porter sur la liste électorale, tous les électeurs habitant dans la commune depuis six mois.

Références :

(1) Pierre Jules Baroche, né à Paris le 18 novembre 1802 et mort à Jersey le 29 octobre 1870, est un avocat et homme politique français, ministre présidant le Conseil d'État du 30 décembre 1852 au 23 juin 1863.

(2) Léonard Joseph Léon Faucher, né le 8 septembre 1803 à Limoges et mort le 14 décembre 1854 à Marseille, est un journaliste, économiste et homme d'État français. Député de la Marne de 1847 à 1851, il est, sous la IIe République, ministre des Travaux publics (1848), ministre de l'Intérieur (1848-1849), puis chef de facto du gouvernement d'avril à octobre 1851, sous la présidence de Louis Napoléon Bonaparte dont il refuse cependant de cautionner le coup d'État du 2 décembre 1851.

(3) Hyacinthe Marie Augustin Corne, né le 28 août 1802 à Arras et décédé le 15 février 1887 à Douai, est un magistrat et un homme politique français. Opposé au coup d'État du 2 décembre 1851, il fut enfermé au Mont-Valérien, puis remis en liberté. Le 8 février 1871, il fut élu représentant du Nord à l'Assemblée nationale. Il siégea au centre gauche dont il devint président, fit partie de la commission de la réorganisation de la magistrature et de la commission de la presse. Le 10 décembre 1875, l'Assemblée nationale l'élut sénateur inamovible.

(4) Faustin-Adolphe Hélie, né à Nantes le 31 mai 1799 et mort à Passy Paris 16e le 22 octobre 1884, est un magistrat, criminaliste et jurisconsulte français. Il fut vice-président du Conseil d'État de 1879 à 1884. Ouvrage contenant outre les constitutions, les principales lois relatives au culte, à la magistrature, aux élections, à la liberté de la presse, de réunion et d'association, à l'organisation des départements et des communes avec un commentaire.

Chapitre XI

L'EMPIRE DE NAPOLÉON III

Coup d'État du 2 décembre 1851

Le Président de la République, Louis-Napoléon Bonaparte, avait été élu le 10 décembre 1848 au suffrage universel par plus de 5 millions de suffrages.
Devant ainsi son élection au suffrage universel, il demanda l'abrogation de la loi électorale du 31 mai par son message du 4 décembre 1849.
Cette proposition jeta le trouble et la division dans l'Assemblée nationale. La majorité conservatrice l'accueillit avec des murmures, car la loi du 31 mai, son œuvre de prédilection, lui semblait un acheminement vers de nouvelles restrictions du droit électoral.
C'est dans ces circonstances, que, dès la première heure de la journée du 10 décembre 1851, Napoléon fit afficher à Paris les décrets par lesquels, de sa seule autorité, il déclarait l'Assemblée nationale dissoute, abolissait la loi du 31 mai et proposait une Constitution nouvelle.
Les 20 et 21 décembre, 7 millions et demi de suffrages donnèrent à Napoléon le pouvoir pour dix ans et le laissèrent

libre de formuler une Constitution qui devait concentrer toute l'autorité entre ses mains et rappeler les traditions consulaires comme transition à la restauration impériale.

Le Second Empire était fait ! les 21 et 22 décembre 1852, le plébiscite consacra Napoléon III, Empereur des Français par plus de 8 millions de suffrages.

Désormais, l'action du peuple souverain était réduite au maintien pour la forme du suffrage universel, puisque les sénateurs étaient nommés directement par l'Empereur et qu'il fallait le concours du Sénat pour faire les lois.

L'Empire ne relevait en réalité que du Sénat. Or, le Sénat devait s'opposer à la promulgation des lois qui seraient contraires à la Constitution, à la religion, à la morale.

En réalité, les députés n'avaient aucun pouvoir législatif et leur vôte était à peu près limité au vote du budget.

Chapitre XII

LA RÉPUBLIQUE DU 4 SEPTEMBRE 1870

Le Second Empire né dans le crime s'effondrera dans le sang, dans la boue et dans la honte de la capitulation de Sedan.
La guerre de 1870 a coûté à la France, entre la perte de nos deux provinces, environ 12 milliards. Les guerres précédentes de Crimée, du Mexique, d'Italie, entreprises par Napoléon III, avaient nécessité des emprunts successifs de plus de deux milliards, soit en tout, quatorze milliards grevant notre budget annuel de 420 000 000 millions d'intérêts.

Voilà, ce qu'a coûté à la France, l'Empire de Napoléon III.
Et quels sont ceux qui sont responsables de cette dette énorme, écrasante pour nos finances nationales et qui pèsera d'un poids si lourd, non seulement sur nous, mais sur plusieurs générations futures ?

Les bourgeois de 1850, qui ont voulu supprimer le suffrage universel et qui ne pouvant y parvenir, l'ont tout simplement mutilé. Et pourquoi cette mutilation du suffrage universel ? Par la peur du peuple, tout simplement.

L'Assemblée nationale élue en 1871, était composée en

grande majorité de députés légitimistes et Orléannistes. Mais la mort fit de nombreux vides dans leurs rangs et nécessitèrent des élections particulières qui renvoyèrent presque tous les députés républicains et lors du vote de la Constitution de 1875, nos amis formaient une minorité d'environ 300 voix.

Vous connaissez tous l'effort admirable du parti républicain qui depuis plus de 30 ans, n'a cessé de lutter contre la réaction cléricale et qui par ses convictions électorales ininterrompues a assuré le triomphe définitif de la République.
Le cadre de cette causerie familière me permet de vous le rappeler, mais il y a les bienfaits de la loi du 9 avril 1892 sur les accidents du travail.
Voici les chiffres relevés à l'Officiel du 1er janvier au 31 décembre 1903.
Dans le seul département de la Marne : tués 20, laissant 18 veuves et 33 enfants. Atteints d'une incapacité permanente partielle : 133.
En tout, pendant une année, 153 ouvriers victimes d'accidents professionnels. En France au cours d'une année, il y a donc environ 2 000 ouvriers réduits à la misère sans cette loi du 9 avril 1898 et plus de 1 500 grièvement blessés, mais qui ont touché leur demi-salaire jusqu'à la consolidation de leurs blessures et qui reçoivent ensuite, une rente viagère égale à la moitié de la réduction de leurs salaires.
En tout, 17 000 ouvriers, chefs de famille, représentant avec leurs veuves, leurs femmes et leurs enfants, une population de près de 100 000 âmes pour une année, de 1 000 000 de personnes pendant une période de 10 années.
Voilà une loi humanitaire qui est due au parti républicain exclusivement attendu, que les conservateurs ont réussi

pendant vingt ans, à en faire ajourner la discussion et l'ont ensuite combattue avec acharnement.

À la séance de la Chambre des députés du 21 juin 1888, monsieur Keller (*1*), l'un des chefs du parti catholique français, avait présenté le contre-projet suivant :

1° les accidents dus à la faute du patron et dont il est seul responsable (c'était le droit commun consacré par l'article 1382 du Code civil).

2° les accidents dus à la faute de l'ouvrier et dont il est seul responsable (c'était l'application du même principe).

3° les accidents résultant du risque industriel, c'est-à-dire, de l'outillage, des moteurs, des matières employées et dont la responsabilité doit être partagée entre le patron et l'ouvrier.

Les députés dont les noms suivent ont critiqué le principe de la loi :

Monsieur le Comte de Mun (*2*) (séance du 17 mai 1888), Messieurs, Frédéric Passy (*3*), de Clerc, Freppel (*4*), évêque, Léon Say (*5*) (séances du 21 juin 1888 et 18 mai 1893),
Et Messieurs les Sénateurs de Larouche (9 mars 1889), Bardoux (*6*) et Delsol (*7*) (21 mars 1889).

Comparez et jugez l'attitude du parti républicain et du parti conservateur ! Souvenez-vous-en toujours et dites-le dans toutes les circonstances, en rappelant que les démocrates ont enlevé de haute lutte, cette loi humanitaire qui sauve de la misère plus de 100 000 personnes chaque année.

Références :

(1) Émile, comte Keller, né le 8 octobre 1828 à Belfort et mort le 20 février 1909 à Paris, est un homme politique français et un précurseur du catholicisme social qui fut élu député du Haut-Rhin, de la Vendée, puis de Belfort à six reprises entre 1859 et 1889. Émile Keller était à l'origine des « Cercles catholiques d'ouvriers. »

(2) Adrien Albert Marie, comte de Mun, né le 28 février 1841 au château de Lumigny (Seine-et-Marne) et mort le 6 octobre 1914 à Bordeaux (Gironde), est un militaire, homme politique et académicien français, initiateur du catholicisme social et théoricien du corporatisme chrétien. Adversaire du libéralisme, comme du socialisme, il défend nombre de réformes sociales dans un esprit particulier, inspiré du corporatisme d'Ancien Régime

(3) Frédéric Passy, né le 20 mai 1822 à Paris et mort le 12 juin 1912 à Neuilly-sur-Seine, est un économiste et homme politique français. Membre de l'Institut et lauréat du prix Nobel de la paix, il a consacré sa vie à l'idéal pacifiste et a diffusé des idées féministes, abolitionnistes, sociales et libérales.

(4) Charles-Émile Freppel, né à Obernai (Bas-Rhin) le 1er juin 1827 et mort à Angers le 23 décembre 1891, fut évêque d'Angers et député du Finistère à l'Assemblée nationale. Il est le fondateur de l'Université catholique de l'Ouest. Il s'éleva notamment contre l'instruction laïque et étatique qu'il jugeait « inutile, inefficace, et tendant au socialisme d'État », et combattit le rétablissement du divorce.

(5) Léon Say, né le 6 juin 1826 à Paris où il est mort le 21 avril 1896, est un économiste et homme d'État français. Il résumait ainsi sa doctrine libérale : « La charité a des limites, mais le bon placement n'en a pas. »

(6) Achille Octave Marie Jacques Bardoux est un homme politique français et un écrivain, né le 25 mai 1874 à Versailles et mort le 15 août 1959 à Saint-Saturnin (Puy-de-Dôme). Fils d'Agénor Bardoux, il est le grand-père maternel de Valéry Giscard d'Estaing.

(7) Jean Joseph Delsol né le 27 octobre 1827 à Saint-Christophe-Vallon, décédé le 29 janvier 1896 à Paris, est un avocat et homme politique français. Delsol se présenta comme candidat républicain, aux élections du 8 février 1871. Élu représentant de l'Aveyron à l'Assemblée nationale, il fit d'abord partie du groupe Feray (républicains conservateurs), puis il se fit inscrire au centre droit, et passa ensuite dans le camp monarchique. Il fut un des 94 signataires contre l'exil des Bourbons.

Notes :

Les références ne figurent pas sur les manuscrits originaux. Cet ajout m'a semblé important pour la compréhension du lecteur.